LA REPRÉSENTATION

EN MATIÈRE

DE SUCCESSIONS FÉMININES

DANS LES DROITS ÉGYPTIEN, GREC ET ROMAIN

(à propos d'un Papyrus du Musée de Berlin).

PAR THÉODORE REINACH

Extrait de la *Nouvelle Revue historique de droit français et étranger*
Janvier-Février 1893

PARIS

LIBRAIRIE
DU RECUEIL GÉNÉRAL DES LOIS ET DES ARRÊTS
ET DU JOURNAL DU PALAIS

L. LAROSE & FORCEL, ÉDITEURS
22, RUE SOUFFLOT, 22

1893

LA REPRÉSENTATION

EN MATIÈRE

DE SUCCESSIONS FÉMININES

DANS LES DROITS ÉGYPTIEN, GREC ET ROMAIN

(à propos d'un Papyrus du Musée de Berlin).

Parmi les papyrus gréco-égyptiens du musée de Berlin, dont la publication vient de commencer par les soins de l'administration royale (1), il se trouve un document juridique qui me paraît offrir un intérêt considérable non seulement pour l'histoire du droit civil égyptien, mais pour celle de la pénétration du droit grec dans le droit romain. C'est à ce titre que je crois utile d'en offrir une analyse aux lecteurs de cette *Revue*.

I.

Le document en question (2), comme la majorité de ceux de cette collection, provient du Fayoum. L'état de conservation en est excellent : M. Wilcken, qui l'a édité avec son soin et sa compétence ordinaires, n'y a marqué qu'un très petit nombre de lacunes, dont la plupart n'affectent pas le sens ou peu-

1) *Ægyptische Urkunden aus den königlichen Museen zu Berlin*. I, *Griechische Urkunden*. In-4°, autographié, Berlin, Weidmann, 1892. Trois fascicules ont paru.

(2) N° 19 du recueil, 1er fascicule (N° d'inventaire 6847).

vent être aisément comblées. Le document est intitulé « copie » (ἀντίγραφον). C'est en effet un extrait, délivré sans doute par les autorités compétentes, des registres d'un tribunal, probablement celui d'Arsinoé, capitale du Fayoum. Dans l'Égypte ptolémaïque et romaine, un scribe ou greffier était attaché à chaque cour de justice et chargé de tenir registre des délibérations. Ces registres sont mentionnés dans notre papyrus (Col. I, l. 10) sous le nom de ὑπομνήματα; dans un document analogue, récemment publié par M. Mommsen (1), le jugement est donné comme extrait ἐκ τόμου ὑπομνηματισμῶν. Les procès-verbaux insérés dans les registres étaient d'ailleurs plus ou moins développés suivant l'importance de la cause; tantôt on se contentait d'y consigner les noms du juge et des parties, l'objet du litige et le jugement; tantôt, comme ici, on reproduisait *in extenso* des pièces et des considérants d'importance doctrinale dont le juge avait ordonné l'insertion.

Voici, rétabli dans l'ordre chronologique, l'historique de l'affaire tel qu'il se dégage de ce dossier un peu embrouillé.

Une femme de nationalité égyptienne, dont le nom n'est pas donné, était morte l'an 126/7 après J.-C., sans testament, laissant 1° un fils du nom de Pétésouchos (2), ayant lui-même un fils nommé Dionysios (3); 2° une petite-fille, Chénalexâs (4), née d'un fils prédécédé Alexandre. Après la mort de la *de cujus*, Pétésouchos et son fils s'étaient mis immédiatement en possession de la totalité de l'héritage. Huit ans plus tard, l'an 133/134 après J.-C., Chénalexâs s'adressa à la justice pour réclamer sa part de la succession de son aïeule. Si elle n'a pas agi plus tôt, c'est qu'apparemment elle était mineure au

---

(1) Papyrus de Vienne publié dans la *Zeitschrift der Savigny Stiftung für Rechtswissenschaft*, XII, p. 284 suiv. Il s'agit d'un procès en annulation de testament plaidé en 124 ap. J.-C.

(2) Ce nom s'est déjà rencontré plusieurs fois dans les papyrus. C'est aussi celui de l'architecte du Labyrinthe d'après Pline, XXXVI, 13, 19.

(3) Il n'est pas dit expressément que Dionysios fût fils de Pétésouchos; il est simplement qualifié de cousin de Chénalexâs; mais cela résulte évidemment de tout son rôle dans l'affaire, où il est constamment subordonné à Pétésouchos. S'il était issu d'une troisième souche, il aurait fallu ou nommer son père, ou faire figurer Dionysios comme demandeur à côté de Chénalexâs.

(4) Ce nom paraît signifier « Fille d'Alexandre. » Je ne l'ai pas rencontré ailleurs.

moment de l'ouverture de la succession, ou mal informée de ses droits (1).

Pour engager une affaire civile de ce genre, il fallait adresser une requête au préfet ou vice-roi d'Égypte, qui en déléguait la connaissance à un des personnages inscrits sur la liste des juges ou arbitres (κριταί) de la province. Cette liste comprenait des fonctionnaires de l'ordre civil et militaire ; elle comprenait aussi de simples notables, d'anciens fonctionnaires par exemple. Dans le papyrus publié par M. Mommsen, auquel j'ai fait allusion plus haut, le juge délégué est le préfet de la *Cohors Prima Flavia Cilicum equitata*, quoique toutes les parties en cause soient pérégrines. Ici, le premier juge qui eut à connaître de l'affaire est simplement désigné par son nom, Héraclidès (Col. I, l. 14), qui semble indiquer la nationalité grecque. Dans une autre affaire, qui est mentionnée incidemment, le juge était un *épistratège*, c'est-à-dire le fonctionnaire préposé à l'administration d'un des trois gouvernements généraux entre lesquels se divisait la province d'Égypte. La formule de la délégation est à peu près la même dans les deux documents : Ἐξ ἀναπομπῆς Ἀτερίου Νέπωτος τοῦ κρατίστου ἡγεμόνος, dit le papyrus de Vienne ; Ἐξ ἀναπομπῆς Πετρωνίου Μαμερτείνου ἐπάρχου Αἰγύπτου, dit le papyrus de Berlin. Sextus Petronius Mamertinus, préfet d'Égypte, n'est pas un nouveau venu : on lisait déjà son nom inscrit par lui-même sur le pied gauche du colosse de Memnon, le 10 mars 134 après J.-C. (2), et il est encore mentionné dans une inscription métrique latine de Kelabcheh en Nubie (3).

Voici donc les parties convoquées devant le juge commis, Héraclidès. Pour soutenir sa prétention, Chénaléxâs affirma simplement que son père Alexandre était mort en 130/131 après J.-C., par conséquent quatre ans après la *de cujus*, et qu'il avait dû recueillir une part, la moitié sans doute, de l'hé-

---

(1) J'ai déterminé l'époque de la mort de la *de cujus* d'après col. II, l. 6, qui semble fixer cet événement à la neuvième année avant le jugement. Si l'on interprète cette phrase autrement (« neuf ans avant le bénéfice d'Hadrien »), l'époque de cette mort se place à une date incertaine, entre l'an 117/8 et l'an 130/1.

(2) *Corp. inscr. lat.*, III, 44.

(3) *Ib.*, III, 77.

ritage de sa mère : c'est cette part que Chénalexâs réclamait à son tour, en qualité d'héritière de son père. Les défendeurs répondaient qu'au contraire Alexandre était mort dès l'an 117/8, neuf ans avant la *de cujus*, que la succession de celle-ci ne s'était jamais ouverte en sa personne et que, par conséquent, Chénalexâs, sa fille, n'y avait aucun droit. On le voit : dans cette première phase du procès, la question de droit ne fut pas même soulevée ; le principe de la représentation ne fut pas invoqué, tout se réduisait à un point de fait. La demanderesse se fit fort de fournir la preuve de son allégation ; le juge décida de surseoir au jugement (ὑπερτίθεναι τὴν διάγνωσιν) jusqu'à ce que cette preuve fût apportée.

Il faut croire que les recherches de Chénalexâs se prolongèrent pendant un certain temps, car l'affaire ne put être reprise qu'à la session (διαλογισμός) suivante, l'an 134/135 après J.-C. A ce moment elle fut commise à un nouveau juge, Ménandre, ex-secrétaire impérial (γενόμενος βασιλιχὸς γραμματεύς) du district de Polémon, l'une des subdivisions administratives du *nome* ou département d'Arsinoé. Cette fois Chénalexâs, à supposer qu'elle eût été de bonne foi à l'origine, s'était convaincue de la fausseté de son allégation : son père était bien mort avant la *de cujus* et la succession de celle-ci ne s'était pas ouverte en sa faveur. La demanderesse n'en persistait pas moins dans sa pétition d'hérédité, mais en changeant complètement de système. Elle se fondait maintenant sur un acte législatif, qui n'est jamais désigné que par l'expression un peu vague de « bénéfice de l'empereur Hadrien » (χάρις τοῦ κυρίου Ἀδριανοῦ Καίσαρος), bénéfice qui aurait accordé « même aux Égyptiens » (καὶ Αἰγυπτίοις) le droit de recueillir la succession d'une aïeule (τὰ μαμμῷα κληρονομεῖν), en concours avec les descendants au premier degré. A l'appui de son dire, elle apportait un jugement de l'*épistratège* Gellius Bassus (1), décidant dans une espèce toute semblable « que les enfants d'un fils prédécédé devaient recueillir dans la succession de l'aïeule

______

(1) Personnage inconnu ; le *cognomen* Bassus ne s'était même pas encore rencontré chez les *Gellii*. L'Égypte était divisée en trois *épistratégies*. — Thébaïde, Heptanomide, Delta — qui comprenaient chacune un certain nombre de *nomes*, subdivisés à leur tour en *districts* (μερίδες). Le nome d'Arsinoé dépendait de l'épistratégie d'Heptanomide (Orelli, *Inscr.*, n° 516).

tout ce qui serait échu à leur père lui-même, soit *ab intestat*, soit *ex testamento*. » En langage moderne, la demanderesse prétendait que le principe de la représentation devait s'appliquer à son cas.

L'ex-secrétaire Ménandre, qui paraît avoir été un jurisconsulte médiocre, mais un juge consciencieux, trouva que l'affaire était grave parce qu'elle soulevait une question de principe (καθολικὸν ἦν); il ajourna de nouveau la décision jusqu'à ce qu'il eût pu en référer au préfet de la province, Petronius Mamertinus. Le 8 février 135 il écrivit en conséquence à ce haut fonctionnaire pour lui exposer les faits de la cause et lui demander de « dire le droit. » La réponse ne se fit pas attendre : elle est datée du même jour que la lettre de Ménandre, ce qui fait supposer ou que l'affaire se plaidait à Alexandrie, ou, plus vraisemblablement, que le préfet était en tournée dans la région du Fayoum. Le préfet confirme purement et simplement la thèse de la demanderesse : Chénalexâs a bien droit, en vertu de l'écrit impérial (ἀκολούθως τοῖς τοῦ Κυρίου γράμμασιν), à la part de l'héritage de son aïeule que son père, s'il eût survécu, aurait recueillie. Le jugement fut rendu en ce sens le 11 février 135, par devant les parties à qui le juge fit donner lecture de la correspondance échangée entre lui et le préfet; le tout fut, sur son ordre, transcrit sur les registres du tribunal.

Une question subsidiaire fut ensuite soulevée par l'avocat de la demanderesse, le « rhéteur » Asclépiadès (1) : il réclama pour sa cliente les fruits afférents à sa part héréditaire, indûment perçus depuis neuf ans par son oncle et son cousin. Ceux-ci résistaient, alléguant sans doute leur bonne foi. On ne sait en quel sens ce débat fut tranché, car c'est ici que s'arrête la partie conservée du papyrus.

---

(1) Dans le papyrus Mommsen les avocats des parties sont également désignés par ce terme. Cf. d'ailleurs Mitteis, *Reichsrecht und Volksrecht*, etc., p. 192 suiv.

II.

On connaît maintenant, dans tous ses détails, l'histoire du procès. Il nous reste à en dégager brièvement les résultats qui intéressent l'histoire du droit.

En premier lieu, on remarquera que le sexe du descendant demandeur n'est nulle part pris en considération; les documents qu'invoque Chénalexâs, le rescrit d'Hadrien, l'arrêt de Gellius Bassus, ne font pas de distinction entre les petits enfants masculins ou féminins (Col. I, l. 6 : υἱωνοῖς ἢ υἱδαῖς; Col. II, l. 3 : παίδων παῖδας) : tous ont également droit à la succession de leur aïeule. On ne distingue pas non plus, ce semble, s'il s'agit d'une aïeule paternelle ou maternelle. Il est vrai que dans les deux espèces citées les petits-enfants se présentent *au nom de leur père;* mais on n'attache aucune importance à ce détail et le terme μαμμῷα, employé dans le rescrit d'Hadrien, paraît tout à fait général. En revanche, c'est bien exclusivement de la succession *d'une aïeule* qu'il est question dans ce document. Faut-il en conclure simplement que la décision d'Hadrien était intervenue dans un procès relatif à la succession d'une grand'mère? ou bien, le principe de la représentation en ligne descendante était-il admis depuis longtemps en Égypte en ce qui concerne la succession d'un homme et ne faisait-il difficulté que pour les successions féminines? Cette seconde explication me paraît de beaucoup préférable; je la considérerais même comme certaine si je pouvais accepter sans réserve les assertions des égyptologues au sujet des dispositions du droit égyptien (1).

J'admettrai donc, comme très vraisemblable, qu'avant l'acte

______

(1) On lit chez M. Paturet, *Etude sur la condition juridique de la femme dans l'ancienne Egypte* (thèse du Louvre, 1886; Leroux), p. 37. « Aussi voyons-nous enfants et descendants (car la représentation existe) hériter par souches de parts absolument égales. » Ceci serait décisif si le passage suivant, qui est en contradiction avec notre papyrus, ne commandait la réserve à ceux, qui comme moi, ne peuvent pas vérifier sur les textes originaux : « Quant à l'hérédité de la femmme, écrit M. Paturet (p. 39), la dévolution en est réglée *absolument comme celle du mari.* »

désigné sous le nom de « bénéfice d'Hadrien » la représentation en ligne directe n'était admise, dans le droit égyptien, que dans les successions masculines (1). La décision d'Hadrien fut sans doute rendue dans une espèce particulière, à titre de faveur (d'où le mot χάρις), mais le rescrit fit précédent ; il devait être conçu en termes généraux qui indiquaient l'intention de modifier le droit. C'est ainsi d'ailleurs que les choses se sont plusieurs fois passées dans la législation romaine elle-même ; mais au temps d'Hadrien, l'empereur ne se serait pas cru autorisé à introduire de son chef, à Rome ou dans les provinces sénatoriales, un changement législatif de cette importance. S'il agissait plus librement en Égypte, c'est que ce pays n'était pas considéré comme une province proprement dite, mais comme une sorte de possession privée de l'empereur, où il avait succédé à tous les droits, comme à tous les titres, des anciens souverains. Il n'est pas défendu de croire que c'est par des tentatives locales de ce genre que les empereurs se sont fait la main au métier de législateur avant de l'exercer au siège même de l'empire.

La distinction que faisait le droit égyptien primitif, en matière de représentation, suivant le sexe du *de cujus*, peut sembler anomale à des esprits modernes, imbus des idées d'équité et d'égalité qui dominent dans nos législations. Il en était tout autrement dans les idées des anciens, et le droit romain nous offre un exemple absolument parallèle. On sait que dans ce droit le principe de la représentation en ligne descendante a été admis de très bonne heure, avant même, sans doute, la loi des Douze Tables ; mais ce principe, fondé sur l'idée de la copropriété familiale, ne s'appliquait absolument qu'aux *sui heredes*, c'est-à-dire aux descendants d'un mâle par des mâles. Le droit des enfants à la succession de leur mère, en présence d'agnats de celle-ci, fut établi par le sénatusconsulte *Orfitianum* sous Marc Aurèle (en 178 après J.-C.) (2), mais

____

(1) *Quid* si les petits-enfants d'une femme se trouvaient en présence, non pas de descendants au premier degré, mais d'agnats ? étaient-ils exclus même dans ce cas ? Les termes généraux de notre document (Col. II, 4, τὰ μαμμῷα κληρονομεῖν), pris à la lettre, indiqueraient l'affirmative, mais je n'ose pas me prononcer sur ce point.

(2) Ulpien, *Reg.*, XXVI, 7 ; Justinien, *Instit.*, III, 4. Cf. Paul, *Sent.*, IV, 10, 3

ce sénatusconsulte, conçu en termes limitatifs, ne visait que les descendants au premier degré : les petits enfants d'une femme n'avaient ni vocation personnelle, ni droit de représentation. Deux siècles plus tard, en 389, nous rencontrons une constitution des empereurs Valentinien, Théodose et Arcadius qui accorde le droit de succession aux petits-enfants *ex filia* d'une aïeule, arrivant en représentation de leur mère prédécédée. Toutefois leur droit successoral n'est pas aussi complet que celui des descendants au premier degré : s'ils arrivent en concours avec des oncles ou tantes (enfants de la *de cujus*), ils doivent leur abandonner un tiers de la part de leur mère ; en concours avec d'autres agnats, un quart de la sucession (1). On remarquera que la constitution ne concerne que les petits-enfants *ex filia* ; il est cependant impossible d'admettre que les petits-enfants *ex filio* fussent moins favorablement traités ; on doit donc supposer que les droits de ceux-ci avaient déjà été consacrés par une constitution plus ancienne, qui ne nous est point parvenue, et qui stipulait d'ailleurs les mêmes déductions au profit des descendants du premier degré et des agnats (2). On verra tout de suite que cette constitution perdue fut probablement l'œuvre de Constantin ou d'un de ses successeurs immédiats.

Il était réservé à Justinien de faire disparaître toutes ces inégalités d'un autre âge. La quarte des agnats fut supprimée par une constitution de l'an 528 (3), la « tierce » des oncles et tantes par la Novelle de l'an 536 (4). La Novelle 118, en 543 après J.-C., qui réorganisa toute la matière des successions, confirma définitivement ces simplifications du droit ; ce fut la même Novelle qui introduisit dans le droit romain la règle

---

(1) *Code Théodose,* V, 1, 4. Cette constitution a été reproduite incomplètement dans le *Code Justinien*, VI, 55, 9.

(2) Justinien (*Inst.*, III, 4, 1), paraît bien faire allusion à *plusieurs* constitutions sur cette matière (sed cum ex hoc S. C. nepotes ad aviæ successionem legitimo jure non vocabuntur, postea hoc *constitutionibus principalibus* emendatum est ut ad similitudinem *filiorum* filiarumque et nepotes et neptes vocentur). C'est à tort, selon moi, que Demangeat croit que la seconde constitution visée est celle de Justinien dont il va être question.

(3) *Code*, VI, 55, 12.

(4) *Nov.* XVIII, c. 4.

toute nouvelle, empruntée au droit grec, de la représentation
en ligne collatérale, au profit des enfants des frères et sœurs
du *de cujus*.

On le voit : le principe de la représentation en matière de
successions féminines a mis trois siècles et demi à prévaloir
dans la « raison écrite. » Mais sur ce point comme sur tant d'autres les législations provinciales avaient depuis longtemps de-
vancé le droit romain et lui avaient montré la voie à suivre.
Nous venons de constater que le « bénéfice d'Hadrien, » an-
térieur à l'an 134, avait introduit ce principe dans le droit
égyptien; or les termes mêmes de notre papyrus prouvent
que par cette réforme l'empereur ne faisait qu'étendre à ses
sujets égyptiens une règle déjà admise dans un autre droit.
A deux reprises en effet (Col. I, l. 6; Col. II, l. 1), nous lisons
qu'Hadrien avait octroyé le droit successoral en question *même
aux Égyptiens*, καὶ Αἰγυπτίοις. Ces mots « même aux Égyptiens » indiquent que d'*autres* habitants de l'Égypte étaient
déjà en possession de ce droit. Il ne peut s'agir des Romains,
puisqu'à cette époque le droit romain n'avait pas même con-
sacré la vocation des descendants d'une femme au premier
degré; il doit donc y avoir ici une allusion au troisième élément
ethnique dont se composait la population égyptienne, c'est-à-
dire aux Grecs, aux Grecs qui, groupés surtout dans les
grandes villes, continuaient à vivre sous leurs lois et jouis-
saient de privilèges importants. Notre texte vient ainsi con-
firmer ce que l'on savait déjà de la grande faveur témoignée
par le droit grec au principe de la représentation : dès l'é-
poque de l'orateur Isée ce principe, dans le droit athénien,
s'appliquait non seulement en ligne directe, mais encore en
ligne collatérale au profit des enfants de frères et sœurs (1).
Malgré le silence des auteurs, il n'y a d'ailleurs aucune raison
de distinguer, en droit grec, entre les successions féminines
et masculines. De très bonne heure ce droit avait commencé à
effacer toutes distinctions entre la vocation héréditaire des
deux sexes, et de tout temps la dot y resta la propriété de la

____

(1) Isée, *De Apollodori hereditate,* c. 19-20 (p. 286, Didot). Dans le droit
germanique, au contraire, la représentation fut longtemps inconnue même
en ligne descendante (Amira, *Erbenfolge und Verwandtschaftsgliederung,* p. 17
et 165).

·femme, constituant un patrimoine distinct réservé exclusivement à sa descendance (1). Ce patrimoine, il y a tout lieu de
le croire, se partageait entre ses enfants et petits-enfants, non
par têtes mais par souches : tel est le droit, équitable et naturel, qu'Hadrien étendit aux successions égyptiennes.

C'est de même, à notre avis, l'influence du droit grec qui
amena à cet égard la transformation de la loi romaine, transformation dont nous avons vu le dernier terme dans les No-
velles de Justinien. On s'imaginait autrefois que la constitution
de Caracalla, qui conféra à tous les habitants de l'empire le
droit de cité romaine, avait par cela même supprimé toutes
les législations civiles particulières aux différentes provinces,
aux divers groupes ethniques dont l'ensemble composait le
monde romain ; il ne restait donc, pour expliquer les change-
ments du droit romain, d'autres causes à invoquer que le pro-
grès naturel des mœurs et l'influence du christianisme. On est
bien revenu aujourd'hui de ces théories superficielles. Il appa-
raît de plus en plus que l'unité que Caracalla avait cru introduire dans la législation civile de l'empire resta pendant longtemps théorique et se borna presque à la forme extérieure des
actes légaux ; pour le fond des choses, les usages provinciaux,
les usages grecs surtout, se maintinrent victorieusement. Ils
continuèrent à être appliqués par les juges de race indigène et
finirent même, dans un assez grand nombre de cas, par s'im-
poser au législateur romain ; celui-ci les érigea en règles gé-
nérales, reconnaissant ainsi implicitement que le droit hellénique répondait, plus que le droit romain tant vanté, aux
exigences de la raison naturelle et de l'équité. Cette invasion
pacifique du droit grec dans le droit romain eut surtout lieu à
partir du règne de Constantin, lorsque le centre de gravité de
l'empire se trouva transporté à Byzance, c'est-à-dire sur une
vieille terre hellénique. La législation de cet empereur, comme
l'ont déjà remarqué MM. Revillout, Zitelmann et Mitteis, présente des traces nombreuses et incontestables de l'influence
des coutumes grecques : on croirait par moments lire une tra-
duction de la loi de Gortyne! Dans la matière spéciale qui nous
occupe, la représentation dans les successions féminines, les

(1) Cp. Mitteis, *Reichsrecht und Volksrecht,* etc., p. 238 suiv.

deux dernières étapes ont été franchies par Valentinien et Justinien ; il n'est pas téméraire de croire qu'ici encore le premier pas, l'initiative de la réforme est due à Constantin le Grand.

Ainsi se vérifie par un nouvel exemple le mot d'Horace :

Græcia capta ferum victorem cepit.

Vrai de l'art et de la littérature, ce mot n'est pas moins vrai de la législation civile, reflet fidèle des idées et des mœurs ; plus on approfondit l'histoire du droit romain, plus on arrive à s'en convaincre.

THÉODORE REINACH.

APPENDICE.

TEXTE ET TRADUCTION DU PAPYRUS N° 19.

TEXTE.

Col. I.

Ἀντίγραφον.

Ἐξ ἀναπομπῆς Πετρωνίου Μαμ[ερτ]είνου ἐπάρχου Αἰγύπτου

Lιθ Ἀδριανοῦ Καίσαρος τοῦ κυρίου Μεχεὶρ ιζ ἐπὶ τῶν κατὰ Χενα-
λεξᾶν πρὸς

Πετεσοῦχον καὶ Διονύσιον, Μένανδρος ὁ κριτὴς τοῖς διαδικαζο-
μένοις

5 εἶπεν. Ὑπερεθέμην τὸ νῦν π[ρᾶγ]μα, ἐπ(ε)ὶ καθολικὸν ἦν, ἄχρι
οὗ γράψω

τῷ κρατίστῳ ἡγεμόνι εἰ [κ]αὶ [τοῖς (1) Αἰ]γυπτίων υἱωνοῖς ἢ υἱ-
δ[αῖ]ς δέδοται

τὰ μαμμῷα (2) τῆς (3) τοῦ κυρίου Ἀδριανοῦ Καίσαρος χάριτος.
Ἀναγνωσθή-

σεται οὖν ἡ ὑπ' ἐμοῦ τῷ κρατ[ίστῳ] ἡγεμόνι γραφεῖσα ἐπιστολὴ
καὶ ἡ

ὑπὸ (sic) αὐτοῦ ἀντιγραφεῖσά μοι... [Κ]ελεύσας ἀμφοτέρας ἀνα-
γνωσθῆναι

10 τοῖς τε ὑπομνήμασι ἀναλ[ημ.]φθῆναι περίεχ(ο)ν (4) κατὰ λέξιν
οὕτως·

Πετρωνίῳ Μαμερτείνῳ τ[ῷ κρ]ατίστῳ ἡγεμόνι Μένανδρος γενόμενος βασιλικὸς γραμ[ματ]εὺς Ἀρσινοείτου χαίρειν.

Χεναλεξᾶς Ἀλεξάνδρου Αἰγ[υπ]τία τῷ διεληλυθότι διαλογισμῷ

(1) *Supplevi.*

(2) Le scribe avait d'abord écrit μαμμικά.

(3) Le génitif employé sans préposition, à la place du datif, est un solécisme. Wilcken propose de suppléer διά, mais cf. II, 7.

(4) Le texte porte περιέχων.

ἐδικάσατο ἐπὶ Ἡρακλείδου κρ[ιτο]ῦ πρὸς Πετεσοῦχον θεῖον ἑαυτῆς

15 πρὸς πατρὸς καὶ Διονύσιον [ἀνε]ψιὸν περὶ μαμμῴων ὑπαρχόντων,

ὧν ἔλεγ(ε)ν (1) εἰς τὸν πατέρα ἑ[αυ]τῆς ἀπὸ τῆς μητρὸς αὐτοῦ ἐληλυθέ-

ναι. Ἐπεὶ δὲ οἱ περὶ τὸν Πετεσ[ο]ῦχον διεβεβαιώσαντο ἐκεῖ-
(νον) (2) προ-

τετελευτηκέναι τῆς μητρὸς [τ]ῷ αL Ἀδριανοῦ Καίσαρος τοῦ κυρίου,

αὐτὴ δὲ τῷ ιεL, τοῦτο ἀποδεῖξαι διὰ γραμμάτων ὑπέσχετο. Ὑπερ-τέθη

20 ἡ διάγνωσις εἰς τὴν ἀπόδειξιν· νῦν ἀναπεμφθέντες (3) ἐπ' ἐμὲ πρὸς τοὺς

αὐτοὺς ἠξίου προσφυγεῖν τῇ χάριτι τοῦ θεοῦ ἐπιφανεστάτου Αὐτο-κράτορος

Col. II.

καὶ Αἰγυπτίοις συνκεχωρημένου τὰ μαμμῷα κληρονομεῖν καὶ ἐπήνεγκ[ε

Γελλίου Βάσσου τοῦ κρατίστου ἐπιστρατήγου ἀπόφασιν κεκρικότος καὶ τοὺς τῶ[ν

παίδων παῖδας μετουσίαν ἔχειν τῆς τῶν μαμμῴων κληρονομίας, ἐγ[έ-

γραπτο δὲ διὰ τῆς ἀποφάσεως αὐτοῦ μετ' ἄλλα οὕτως· Ὅσα προ-σῆν ἂν (4) τοπα[ρχι-

5 κῶν περὶ τὸν προκείμενον ἀπὸ τῆς εὐ[δ]αιμονίδος διαθήκης ἢ καθ' ὅν[τινα

τ[ρ]όπον, ταῦτα μετεῖναι τοῖς ἐκείνου τέκνοις. Ζητουμένου οὖν καὶ τού[τοις εἰ (5)

(1) Le texte porte ἔλεγον.
(2) Papyrus : ἐκείνο[υ]ς. *Corr.* Wilcken.
(3) Ce nominatif absolu est incorrect, il faudrait ἀναπεμφθέντων et un pronom.
(4) Papyrus : προσηγαντοπα...[κων. Wilcken : προσηνέγκαντο πα[τρι]κῶν. Mais outre que le pluriel neutre ὅσα demande le verbe au singulier, il ne peut être question ici de πατρικά ; voir l. 3. *Supplevi.*
(5) *Supplevi.*

τετελευτηκυίας τῆς μάμμης αὐτῆς ἀδιαθέτου πρὸ θ̄L τῆς τοῦ
  Αὐτοκ[ράτορος

χάριτος λήμψεται ἡ υἱδῆς τὴν τοῦ πατρὸς μοῖραν, γράφω σοι,
  ἡγεμώ[ν,

ἵνα τὸ δόξαν κελεύσῃς γενέσθαι. Ἐρρῶσθαί σε εὔχομαι, ἡγεμὼν
  κύ[ριε.

10 Lῑθ. Αὐτοκράτορος Καίσαρος Τραιανοῦ Ἀδριανοῦ Σεβαστοῦ
  Μεχεὶρ ῑδ.

Πρὸς ἣν ἀντεγράφη·

Πετρώνιος Μαμερτεῖνος Μενάνδρῳ γενομένῳ βασιλ(ικῷ) γρ(αμ-
  ματεῖ) Πολέμ[ωνος

μερίδος χαίρειν.

Εἰ μηδὲν ἐκρίθη μέχρι τούτου Χεναλεξᾶτος καὶ Πε[τ]εσούχου
  δι... (1)

15 πρὸς πατρὸς θείου καὶ Διονυσίου ἀνεψιοῦ περὶ μαμμῴων

ὑπαρχόντων, προσήκει δὲ (2) ἀκολούθως τοῖς τοῦ κυρίου γράμ-
  μ.[ασιν

Χεναλεξᾷ τῶν πατρῴων (3) μέρος ὃ περιὼν ἂν ὁ πατὴρ αὐτῆς
  ἔλαβ[εν.

Ἔρρωσο. Lῑθ Μεχεὶρ ῑδ. Ἀπεφή[ν]ατο (Χ)εναλεξᾷ (4) τὸ πατρῷον μέρος ὃ περιὼν ἂν ὁ πατὴρ αὐτ[ῆς ἔλαβεν

προσήκειν (5). Δοκεῖ ἀκολούθως τοῖς ὑπὸ τοῦ κρατίστου ἡγημέ-
  νος γραφ[εῖσι.

20 Ἀσκληπιάδης ῥήτωρ· Τὰς προσόδους ταύτῃ τῶν χρόνων ὧν
  ἐπ[εκρά-

τησ(α)ν (6) οὗτοι ἀποδότωσαν. Τῶν περὶ Πετεσοῦχον λεγόντων
  ἑαυτο[ῖς...

Cetera desiderantur.

(1) Peut-être Δι(ονυσίου); le petit-fils recevait souvent le nom de
l'aïeul; mais comment le préfet aurait-il su le nom du père de Pétésouchos qui ne se trouve pas dans la lettre du juge?

(2) Ce mot est de trop.

(3) Faute pour τὸ πατρῷον.

(4) Papyrus : θεναλεξα.

(5) Ce mot est raturé et la phrase tout entière paraît avoir été
insérée une ligne trop haut.

(6) Papyrus : επ....|τησεν (les deux lettres σε pointées par Wilcken
comme douteuses). *Supplevit* Salomon Reinach.

TRADUCTION.

Copie.

Par délégation de Petronius Mamertinus, préfet d'Égypte, l'an 19 de notre seigneur Hadrien César, le 17 Méchir, dans l'affaire de Chénalexâs contre Pétésouchos et Dionysios, le juge Ménandre a dit aux parties :

« J'avais prononcé la remise de la présente affaire, qui soulève une question de principe, jusqu'à ce que j'eusse écrit au très puissant préfet, pour savoir si des petits-fils ou petites-filles, même de nationalité égyptienne, ont droit à la succession de leur aïeule en vertu du bénéfice de notre seigneur Hadrien César. On va donner lecture, en conséquence, de la lettre adressée par moi au très puissant préfet et de celle qu'il m'a écrite en réponse. »

Ordre est donné de lire à voix haute les deux lettres et d'en insérer dans les procès-verbaux le contenu textuel qui est ainsi conçu (1) :

« A Petronius Mamertinus, très puissant préfet, Ménandre, ci-devant secrétaire royal dans le nome d'Arsinoé, salut. — Chénalexâs, fille d'Alexandre, Egyptienne, a plaidé pendant la dernière session (2), par devant le juge Héraclidès, contre Pétésouchos, son oncle paternel, et Dionysios, son cousin germain, au sujet de biens provenant de son aïeule, qu'elle prétendait lui revenir du chef de son père qui les avait hérités de sa propre mère. Comme Pétésouchos et consorts assuraient que ledit père était décédé avant sa mère, l'an 1er du seigneur Hadrien César, tandis que la demanderesse prétendait qu'il n'était décédé qu'en l'an 15, elle promit de fournir la preuve littérale de son dire. La décision fut ajournée jusqu'à ce qu'elle fournît cette preuve. Maintenant les parties ayant été renvoyées devant moi, la demanderesse s'est avisée d'invoquer contre ses adversaires le bénéfice du dieu très manifeste, l'Empereur, par lequel aurait été accordé même aux

---

(1) Cette expression κατὰ λέξιν οὕτως se lit également dans le papyrus Mommsen, l. 25.

(2) Le sens propre du mot διαλογισμός paraît être « compte arrêté », d'où « exercice financier » et par extension l'année administrative en général.

Égyptiens le droit de recueillir la succession d'une aïeule. A l'appui de quoi, elle apporta une décision du très puissant *épistratège* Gellius Bassus, jugeant que même les petits-enfants doivent prendre part à la succession de leur aïeule (1). Dans cette décision il était écrit, entre autres, comme suit : *Tous les biens situés dans la circonscription qui seraient échus au sus-nommé soit en vertu du testament de la defunte, soit de toute autre manière, doient revenir également à ses enfants.* Comme la question actuellement posée est pareillement de savoir si, l'aïeule de la demanderesse étant décédée sans testament il y a neuf ans (2), la petite-fille pourra recueillir, par le bénéfice de l'Empereur, la part qui revenait à son père, je vous écris, préfet, afin que vous m'ordonniez de décider ce qu'il vous plaira. Je prie le ciel de vous conserver en bonne santé, seigneur préfet. L'an 19 de l'Empereur César Trajan Hadrien Auguste, 14 Méchir. »

A cette lettre, il a été répondu :

« Petronius Mamertinus à Ménandre, ci-devant secrétaire royal du district de Polémon, salut. — Si rien n'a été jugé jusqu'à présent dans l'affaire de Chénalexâs contre Pétésou-chos, son oncle paternel, et Dionysios, son cousin, au sujet des biens de son aïeule, il faut attribuer à Chénalexâs, conformément à l'écrit du seigneur, la part paternelle, celle que son père, s'il avait vécu, aurait recueillie. Portez-vous bien. L'an 19, 14 Méchir. »

Il a été déclaré que Chénalexâs avait droit à la part paternelle, celle que son père, s'il avait vécu, aurait recueillie. Décision conforme à la lettre du très puissant préfet.

Asclépiadès, avocat : « Qu'il soit enjoint aux défendeurs de restituer à ma cliente les fruits qu'ils ont perçus pendant qu'ils détenaient ses biens. »

Pétésouchos et consorts prétendant (que ces fruits leur revenaient à eux...)   (*Le reste est perdu.*)

---

(1) La phrase est évidemment mal rédigée : qui dit « succession d'une aïeule » indique par cela même que les petits-enfants sont appelés.

(2) On pourrait interpréter à la rigueur : « étant décédée neuf ans avant le bénéfice d'Hadrien. » En ce cas la question posée au préfet serait de savoir non-seulement si le bénéfice existe, mais encore s'il doit s'appliquer rétroactivement. Cette seconde explication me paraît peu admissible, le principe de non rétroactivité étant absolu en droit romain (L. 7, *Cod.*, I, 14, etc.).

Bar-le-Duc. — Imprimerie Contant-Laguerre

www.ingramcontent.com/pod-product-compliance
Lightning Source LLC
LaVergne TN
LVHW010139060726
842524LV00005B/2032